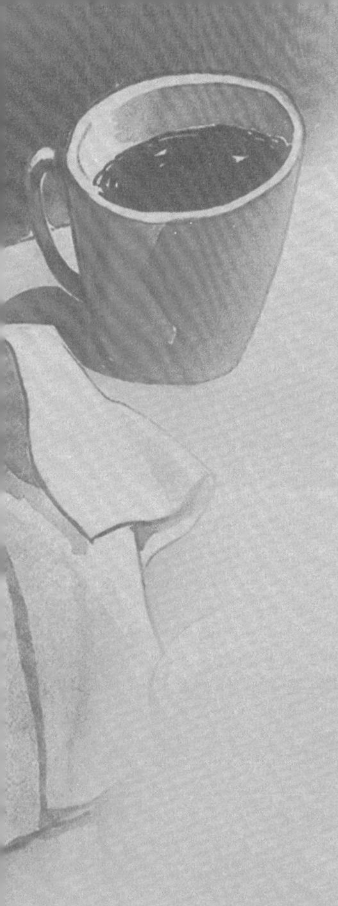

내 곁에 계신 주님

특별히 ＿＿＿＿＿＿＿＿＿＿님께
이 소중한 책을 드립니다.

〈 시와 글로 쓴 마음 〉

내 곁에 계신 주님

김사라 지음

나침반

나의 전부이신 주님께...

　인간의 면면을 보면 우리는 예수의 옷자락 뒤에 숨을 수밖에 없을 것 같습니다. 낮은 데로 임하신 예수 그리스도의 은혜로 우리와 늘 동행해 주셨던 사랑의 주님을 찬송하고 노래하고 싶은 마음하나로 여기에 올리게 되었습니다. 예수님 외에 내 세울 것은 아무것도 없는 사람입니다.

　평상시 신앙생활하며 있었던 바를 가감 없이 써 보라는 동생목사의 말에 의지하여 펜을 들게 되었습니다. 일방적인 주님의 은혜를 받은 사람이 되어 어찌하면 조금이라도 순종하는 사람?이 될수 있을까… 주님 앞으로 가는 성도로서의 자세만을 바라봐 주셨으면 합니다. 사람 사람을 사랑해 주시고 이 나라를 이 토록 지키시고 사랑해 주신 하나님께 너무나도 깊은 감사와 사랑의 마음을 드립니다.

　뿌리 되신 주님께서 우리를 보존하신다 하시었으니 모두가 천국잔치 영원한 나라에 함께 들어가 주님의 얼굴을 뵈옵는 우리가 되었으면 합니다.

　이 시집을 출간하도록 도와주신 나침반출판사의 관계자 분들께 진심을 다해 감사를 드리며 고이 길러내어 주신 부모님께 무릎 꿇어 감사의 절을 올립니다.

　늘 생활속의 신앙인이 되라 선한 말씀으로 훈육하시고 지도해 주신 담임 목사님께 감사 드립니다.

　저의 전부이신 주님께 영원한 감사의 고백을 올려 드립니다!

예수그리스도를 기뻐하며

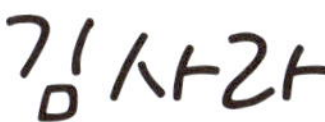

시로 쓴 마음

빛이여

빛이여!
하늘의 빛이여
이 땅에 비치우라
우매한 이 땅
가련한 이 곳으로
밝고도 찬란한
그 빛을 비치우라

빛이여!
하늘의 빛이여
이 어둠을 물리치고
눈을 들어 보게하라
슬퍼 흘린 이 눈물
오!... 자비가 여기 있으니
은혜로써 임하소서

영원토록 나의 할 말

영원토록 나의 할 말
구원의 주 예수 찬양
내 모든 죄 씻기신 주
영원토록 찬양하리
무엇으로 주님 앞에
무엇으로 드리올까
영원토록 정성 다해
믿음으로 드리오리

영원토록 나의 할 말
구원의 주 예수 찬양
주의 보혈 찬양해요
영원토록 찬양해요
나를 정케 하옵소서
소망중에 기도해요
주의 보혈 주의 보혈
영원토록 노래해요

돋보기

이제는 없어서는 안 되는 것이 되어 버린 나의 돋보기
어느덧 세월은 그것을 의지하는 데로 왔다.
밖에는 비가 내리고 있다.
비가 오고, 눈이 오고, 꽃이 피기를 몇 회를 했는지
회전 하듯 돌고 돌아 이제는,,
오늘 내리는 예~~쁜 비를
돋보기 위로 바라보고 있다.
이제는 늘 성경책과 함께하는 이 돋보기는
나의 필수 애장품, 애용품이 되었다
자연의 이치처럼 찾아온 세월도 감사하고
어느 지혜로운 자가 만들었는지~~
내 아버지의 말씀 책을 선명히 들여다보며 읽고,
끄덕이며, 은혜를 누리게 하며 깨닫는 복락을 누리게 해주니
얼마나 감사한지 모르겠다.
볼 수 있는 크나큰 영광을 주심도 감사한데
이제는,,
돋보기까지 있어 불편함 없이 살며~ 보게 하시니
변함없이 내리는 주님의 은혜가 감사하다.

이리 오너라

예수님이 나를 택하신 날부터
난 주님 낯을 피할 수 없었네
보이지도 않네 만질 수도 없네
아! ~~ 예수님
하지만 언제나 가슴속에서
아무개야~ 아무개야~
생명으로 찾아 오신 예수님
이리 이리 오너라

내 생명이 다 하기까지

이 내 생명이 다 하기까지
주 여호와를 사랑 하는 맘
주 향한 뜨거운 심정
변치 말게 하소서
어제 같이 오늘도
오늘 같이 내일도
그 주님 이 마음 영원히
함께 가게 하소서

저 붉은 태양 솟을 때

저 붉은 태양 솟을 때
내 가슴에 타는 성령의 불
한 발 두 발 내 딛는
그 길은 참 복이 되도다
그 맘엔 주가 계시네
주안엔 또 내가 살도다
내 사랑하는 아들아
가는 길에 복이 있으리

저 브니엘의 아침이
내 가슴에 환히 밝아 오네
온유 하신 주 모습
닮는 자 참 복이 되도다
그 마음 주께 있는자
그 마음 또 변치 않는 자
주 말씀 준행 하는 자
가는 길에 복이 있으리

이 길

이 길은
내 마음 내놓지 않으면
갈 수가 없어요

이 길은
나를 버리지 않으면
갈 수가 없어요

이 길은
예수 사랑 안갖고는
갈 수가 없습니다

살아서는 진리의 길
죽어서는 영생의 길
영원한
생명의 길이랍니다

이시간

이 시간을 감사 드리자
무언의 대화 속에서
주님과의 만남을
보고 싶어도 볼 수 없는
죄악의 금을 쳐 놓은
세상 속에서
이 시간을 감사 드리자
아무도 모르게 만나 주신
내 사랑의 하나님께
작은 입 벌려 영광을!

나의 맘에 계신 주

나의 맘에 계신 주 사랑 베푸옵시니
주 은혜로 내 맘이 넘쳐흐르나이다

오늘이나 내일도 동일하게 하시고
감사함에 넘쳐서 영광있게 하소서

오~~ 할 렐 루 야 오~~ 할 렐 루 야
오~~ 할 렐 루 야 오~~ 할 렐 루 야

주님의 그 사랑은

주님의 그 사랑은
형용 못할 크신 사랑
하늘 보다 높은 사랑
바다 보다 깊은 사랑
우리네 이 가슴에
그 사랑을 담아 보세
어화 둥둥 사랑이야
예수 사랑 영화로다

측량 못할 그 사랑이
나를 구한 예수 사랑
하늘에랴 땅위에랴
그 어디에 기록 할까
우리네 이 가슴에
그 사랑을 담아 보세
어화 둥둥 사랑이야
예수 사랑 영화로다

동녘의 들 바람

저 먹구름 뒤에는 빛난 구름 있듯이
내가 찾을 영광도 머물고 있으리
동녘의 들바람이 나를 감싸니
부드러운 주 손길 나를 두르네
과수원 길 따라 돌아오는 새벽길엔
귀여운 머털이가 나를 반긴다.

고난의 밤 지나면 평안한 밤도 오리
그날 맞으려 나 내일도 기도하리라
동녘의 들바람이 나를 감싸니
부드러운 주 손길 나를 두르네
세상 고생 다 지나고 그날이 오면
꿈에 뵙던 그 주님 날 반겨주리

나의 나라

멀지 않아 찾아 갈 나의 나라
나의 영원한 집
그곳을 내게로 허락하신
주님을 찬송하렵니다

푸르른 가을 하늘 같이
나의 믿음 간직 하였다가
정결케 씻어 주실
만세 반석 열린 곳에서
나는 경배 하겠습니다

주의 빛을 주시고
당신의 이름 예수로만
기도하게 하시고
당신의 의로 씻기신
거룩한 길 오직 !...
그 영광을 아버지께만
꿇어 경배 드리겠나이다.

걷는 걸음 그 걸음 마다

걷는 걸음 그 걸음 마다
행하는 손길 그 손길 마다
나를 구원 하신 그 사랑 나타나게 하소서
나의 빛은 그 예수님
소멸 찮는 빛이로다
호흡하는 그 기도가
너로 생명 있게 하니
졸지 않는 여호와가
너의 생명 근원이라

예비 하신 그 날 아침에
섬기는 믿음 그 믿음 서리
눈을 뜨기 원 하는 마음 주가 보게 하시리
나의 빛은 그 예수님
소멸 찮는 빛이로다
호흡하는 그 기도가
너로 생명 있게 하니
졸지 않는 여호와가
너의 생명 근원이라

강 건너 아버지 집

강 건너 언덕 아버지 집을 나는 가려네
그 강 건너 그 언덕 내겐 멀지 않아요
건널 수 없는 어려운 일 만날 때
이끌어 주시는 주님께 약한 나를 맡기고
그 강 건너 그 언덕 찬송하며 갑니다.

바랄 수 없는 죄 된 이 몸을
주 공로로 덧입고
그 강 건너 그 언덕 은혜입고 가려네
의지 없는 이 모습 주 아서서
새은혜로 도우시는 주님께
약한 나를 맡기고
그 강 건너 그 언덕 감사하며 갑니다.

여름 바람

여름 바람이 불어요
반짝 반짝 거리며
흔들리는 푸른 잎사귀들
내가 살아 있음을 봅니다.
시간은 변함없이 흘러가고
정겨운 기차 소리
건너편 교회 십자가 탑에
푸른 덩굴이 아름다워요
뜨거운 태양 아래서
노동하던 남편에게도
한날의 수고를 내려놓는
저녁이 왔습니다.
그리운 집
등을 붙이고 쉼을 얻는
여름 바람 불어오는
한 날의 삶!

그 문에

26 내 곁에 계신 주님

감사함으로 그 문에 들어갈지라
찬송함으로 궁정에 들어갈지로다
오~~~ 할 렐 루 야
감사함으로 찬송함으로 아~~멘

로또

사람들은 로또를 좋아 합니다
나도 됐으면~하고 기대 합니다
저도 어쩌다 한 장씩 사 보긴 하는데
근데
저는 로또 살 생각이 잘 안납니다
그냥 잊어 버려 집니다
떠올려 볼 때도 있습니다
뭐~ 벼락을 몇 번 맞아야 한다는,
로또!
제게는 하나님이 로또입니다
하나님 믿는 것이 로또이고
천국 가는 것이 로또입니다!

예수께서 오라 시길래

예수께서 오라 시길래

의심않고 따라 갔더니

의의 길 생명의 길

복된 영생의 길을 주시기로

주만보며 따라 갔습니다.

가다가 넘어지고

돌부리에 채여 자빠져도

주를 따라가는 그 길이

생명의 길 인 것을

성령께서 밝히 알게 하시기로

좋아라! 감사해라!

열심히 주만 따라 갔습니다.

주님 손잡고 뒤를 보니

넓은 땅에 얽매인 많은 영혼들

즐거운 길 가라고

평강의 길 가라고

천국 준비 다 해놓고

감사하며 살자고

예수 전해 줘야겠는데

예수께서 오라시는 그 음성 누가 들을까?

어제

오고 가는 이 생의 길목에서
가시는 이에게 조문하고
병풍 같이 둘러선 산새를 끼고 달리니
집으로 돌아가는 길이
행복에 넘쳤습니다
산 사람의 이치는 또한 이러 하여
3월은 벚 꽃으로
4월은 철쭉이
5월은 푸른산 숲에
아카시아가 장관입니다
산이 흰지 숲이 흰 것인지
오묘한 자연이 아름다워
고백이 절로 나오니
오늘을 살라고 주신 삶의
한 순간이 너무 감사 했습니다

이리 와 보세요

이리 와 보세요!
짐을 져 드릴까요?
이리 와 보세요!
멍에를 벗겨 드릴께요
누가 그럴 수 있냐구요?
예수님이 해 주시죠~
어떻해야 되냐고요?
이리와서..........
믿기만 하면 된답니다~!

저는요

저는요　갈고 닦을 것이 있어요
　　　　내 맘도 닦아야 되고요
　　　　내 죄도 닦아야 되고요
　　　　내 허물도 좀 닦아야 되요

저는요　다른 것은 말구요
　　　　예수님의 보혈로 좀
　　　　깨끗하게 씻어 주세요

그리고　저는요~~
　　　　예수님의 말씀과 기도로
　　　　갈고 닦아서 성결해져야 겠어요

또　　　조심을 해야 되겠어요
　　　　아마, 정성을 쏟으면

그러면　주가 받아 주실거에요

요한복음 21:7 ~~

시몬 베드로는 주님이라는 말을 듣고서
벗은 몸에 겉옷을 두르고 바다로 뛰어 내렸다.
다시 만난 주님이
생선을 좀 가져오라 하시고
와서 아침을 먹어라 하시는데,
아무도 '누구시냐고' 묻는 사람이 없었다.
그가 주님 이신 것을 알았기 때문이었다.
나는 주님을 알고
주님도 나를 아신다.
그가 내 주님이 되셔서
내가
그가 주님 이신 것을
아는 사람이 되었다.
주님은 그렇게
자신을 우리에게 나타 내셨다.

그리스도는 나의 주시며

나는 주님을 보았습니다.
우리가 아직 죄인 되었을 때에
나를 찾아 오셔서
주의 자녀가 되었습니다.
그렇게 저를 택하여 주셔서
목자의 음성을 알아듣는
양이 되었습니다.
그리고
내 주님의 증인이 되었으니
주를 따르고
그의 뜻을 이루어 드리는
자녀의 삶만이 남았습니다.
그리스도는
나의 주시며, 나의 하나님 이십니다.

예수님 안녕하세요?

예수님 안녕하세요?
오늘 참 가슴이 아파요
내 잘못 그것 때문에

에수님 안녕하세요?
오늘은 제 가슴속에서
힘주시고 용기주세요

예수님 안녕하세요?
오늘 참 감사 드려요
언제나 함께 하심을

내 가는 길이

내 가는 길이 먼것 같은데
결코 멀지 않은 것은
예수님이 함께 하기 때문입니다.

나 가는 길이 고달 퍼도
눈물 속에 기쁜 것은
나를 대속하신 주님 있기 때문입니다.

외롭고 괴로울 땐 주를 의지 하고요
언제나 언제나 예수님만 찾았어요
내 심장에 피가 멎기까지 예수님!
저의 인생여정 인도하여 주세요

예수님의 손을 잡고서

예수님의 손을 잡고서
걸어 가는 나의 길
예수님의 품 안에서
영원함을 느끼네
홀로 아파 눈물 흘릴 때
나의 위로 되셨네
예수님의 품 안에서
영원함을 느끼네

예수님의 눈동자를
바라보며 가는 길
예수님의 물과 피가
나를 적셔 씻기네
절망 중에 소망 되신 주
나의 힘이 되셨네
예수님의 품 안에서
영원함을 느끼네

소망 중에 바라면서
걸어가는 나의 길

예수님과 함께 하는
황금 길을 걸으리
뜨거운 맘 주께 드린 후
나의 생명 되셨네
예수님의 품 안에서
영원함을 느끼네.
(어느 깊은 바닷속 반석에 이름없는 작은물고기가
자신의 뼈를 새기는 꿈을꾸고)

우리들은 주의 자녀

우리들은 주의 자녀 얼수 좋네 주의 자녀
하나님의 사랑 입은 절수 좋아 주의 자녀

장고 치며 소고 잡고 우리 주님 찬양하세
얼쑤 좋고 절수 좋아 우리 들은 주의 자녀

우리들은 주의 자녀 얼수 좋네 주의 자녀
하나님의 사랑 입은 절수 좋아 주의 자녀

우리 입술 나팔처럼 크게 외쳐 부르세나
얼쑤 좋고 절수 좋아 우리 들은 주의 자녀

들꽃

우리는 보이지 않는 길을 간다.

세상에 정답을 미리 가르쳐 주는 데가 어디 있나~~~

늘 시험을 잘 보는 것도 좋은 성적을 가지고

있는 것은 아니지만

정답을 가르쳐 준 길로 열심히 가고 있다.

 가을이 왔다. 문득 계절마다 바꿔 입는 자연을 보니

이런 생각이 들었다. 마태복음 6:25~34절에

'솔로몬도 이 꽃 하나만큼 차려 입지 못 하였다' 는

이 말씀,, 솔로몬의 극상품으로도 주께서 보살피신 들에 핀

들꽃에는 비교할 수 없다! 하신 말씀이 깨달아 지며

한순간, 나 자신이 돌아봐 졌다.

주님은 내게 우수한 두뇌를 주시진 않았지만

들꽃이 되게 하여 주신 것이 깨달아졌다.

주님은 구원의 옷도 입혀 주셨고,

들꽃 같이 보살펴 주셨다.

주님 맞는 신부로

무한하신 우리 주님 사랑은
늘 내 곁에 넘쳐흐르고 있어요
영원하신 나의 목자 음성이
천성까지 나를 이 끄네
말로 할 수 없는 우리 주님 사랑을
나는 알았네 또 나는 받았네
능력의 주 우리 주님 사랑을
내 힘을 다해 찬송합시다.
다시 오실 주님 맞는 신부로
늘 단장하는 삶을 살아요.

나를 사랑 한다면

나를 사랑 한다면
당신의 사랑을 보이세요
작은 능력으로
인내의 말씀을 지킬 수있어요
당신이 여는 문으로
주가 들어오세요
어린양 생명수 샘에서
구원하신 주를 경배합시다

주를 사랑 한다면
인내의 말씀을 지키세요
작은 능력으로
인내의 말씀을 지킬 수있어요
당신이 여는 문으로
주가 들어오세요
다시 밤이 없는 곳에서
구원하신 주를 만날것입니다

새 노래로

새 노래로 여호와께 찬송하라
새 노래로 여호와께 찬송하라
온~~ 땅이여!
여호와께 여호와께
소리를 발~하여 즐거이 즐거이!
수금과 음성으로 즐거이 즐거이!
왕~~~ 여호와 앞 즐거이 즐거이!

잊지 말자

잊지 말자
그가 나를 어떻게 구원 하신 것을

잊지 말자
그가 내 죄를 어떻게 사 하신 것을

잊지 말자
그가 나를 어떻게 사랑 하신 것을

글로 쓴 마음

내가 만난 예수님

오래전 비가 계속 내리던 한 날
빡빡 머리에 푹신 젖은 허름한 옷, 후질한 주머니.
눈동자엔 백내장 끼인 할아버지가
우리집 마당으로 들어섰다
남편과 막 들어서던 참에 그 할아버지도
걸어 들어오셨다.

첫 눈에도 구걸하러 오는 할아버지였다.
나는 보는 순간 맘이 동하여 어떻하든 내가 할 수 있는
한번의 손길이라도 주고 싶어졌다.
검정 고무신을 신은 그 할아버지의 발은 비에
통통 붓고 추위에 파랗게 되어 있었다.

순간, 나는 그 발이 예수님의 발처럼 보여
도움을 주지 않으면 견딜 수 없는 맘이 들었다.
남편에게 말했다.
"여보, 집에 들어가서 음식을 좀 주고
비 그치면 가시게 헛간이라도 들어가 있으시라고 하자."
남편은 대뜸 "얘~? 너 그러다가 잘못 되서 죽으면
어쩌려고 그러느냐" 고 했다.

남편이 안 된다는데 어떻게 할 수가 없었다.

그 할아버지는 나만 쳐다보고 있다가 돌아서 나갔다.

난, 아무것도 해드리지 못한 맘 때문에

저분이 눈에 보이는 예수님인것만 같아,

주의 말씀을 거스리는 것만 같아서….

죄책감과 어찌 해 드리지 못 한채

우리 집을 나서게 한 것 때문에 견딜 수가 없었다.

몸둘바를 모르고 내가 할 수 있는게 뭔가를

급히 생각했다.

얼른 집에 들어가 달걀 한 알과 내 수중에 있는 천원을

손에 쥐고 할아버지를 조금 멀리 졸졸 따라 가봤다.

앞집으로 들어간 할아버지는 박대를 맞고

옆집을 거쳐 윗집으로 찾아 갔다.

문전에서 뭐라 하시던 할아버지는 역시

그 집도 돌아서 나왔다.

우리 마을 어귀 산 쪽으로 그 할아버지는 올라가셨다.

'이 할아버지가 자살이라도 하려는 것인가?'하며

따라 올라 가다가 말했다.

"할아버지~ 여기는 길이 없어요. 어디로 가실려구요?"

말도 제대로 못 하시는지 대답을 잘 못하셨다.

"할아버지~ 이거 드세요."

달걀과 천원을 내 밀었더니
얼른 달걀을 까 드셨다.

그 할아버지는 나를 따라 내려 오셔서
큰 길 쪽으로 가셨다.
그 후론 다신 볼 수가 없는 할아버지는
내 가슴에 영원히 지워지지 않는 예수님으로 남겨졌다.

나는 그 할아버지의 문제를 해결 해 줄 수가 없었지만
내 남편에게도 주변 집에서도
문전박대를 당해야 했던 그 할아버지를
그냥 모른 채 돌려보내지 않았던
초라한 대접만이 내 죄책감을 덜어 주는 것뿐이었고,
내가 주님을 사랑한 증거요,
실낫 같은 말씀의 순종이요,
위안으로 삼을 뿐이었다.

문고리에 생선 한 봉지

살아가며 우린 때로 선물을 하고 산다.
따뜻한 마음을 두고 가고 싶은 일이 생기기 마련이다.
신앙의 길을 걸어오며 가장 값지고
진정한 선물을 한 것이 무엇인가 돌아보니
나의 기억은 27년여 전으로 돌아간다.
혼자서 근근히 대예배만 간신히 드리던
첫 아이 4세 정도의 어린 시절,
속히 집으로 돌아 와야만 하는 난
맘에 간절한 개척 교회 두고 동네까지
차로 데려다 주는 교회로 나가던 때였다.

아들이 한 살 때 이곳으로 왔는데 그때 그 동네에도
외양간을 고쳐 개척을 시작한 교회에 찾아가
그 교회를 섬기다 멀리 이사를 오게 되어
신혼이셨던 목사님과 헤어지게 되었었는데…
내 맘과 생각 속에는 늘 개척교회의 종들에게로 향해 있었다.

시장을 갔다가 집으로 오려면
장골이란 동네를 지나서 왔는데
중간에 아주 작은 교회가 하나 있었다.

형편과 처지가 좋지 않은 시절 이었다.

어느 날 장에서 생선을 사는데 내 맘은
이미 그 목사님 댁에 가있다.
'그래 우리교회 목사님은 큰 교회니까 부자들도 있고
대접 해드리는 손길도 많을 테니' 하고
'이것은 문고리에 살짝 걸어 놓고 가면 되겠지~'
오가며 인사만 나눌 수밖에 없던
죄송하기 짝이 없던 난
목사님 댁 문고리에 생선 봉지를 슬쩍 걸어 놓고 갔다.
뭘 드리지 못해 안타까운 마음을 담아 드린
문고리에 생선 한 봉지였다.

수박 다섯통

장날에 2~3천원 하는 수박이 있다.
그 때만해도 또, 옛날 인가보다. 이 삼천원 이라니...
맛있게 먹었다.
사모님네도, 김권사님네도, 박권사네도...
사다주고 싶었다.
그러나 다음 기회로 미루고 비록 싼 거지만
용감도 무쌍하게 고거를 정애원 주방에 갖고 가고 싶은 거다
단순 순수 어르신들 콩알만한 뭐라도 드리고 싶은 맘이
간절하다보니 창피한건 그 담이고 한번 맘이 서고 보니 에궁~~
다섯통이 뭐야... 겨우 다섯통
착각은 내 맘데로 사람 사는데야 다 비슷하니~ 그래도
어떻겠는가... 하는 자신 만의 착각을 굳세게 맘먹곤 부~~우웅
"저~~ 이거 싼 건데요." 점심 드시구 입가심이라도 하시라구요~
"저도 이거 먹어요."
"어디서 오셨어요?"
"예~ 저기 온양교회교인이에요. 그럼, 안녕히계세요."
엉거주춤 냅다 돌아 나왔다. 에구 나는 못 말려,
남들은 별거 다하는데,
그래두 나 혼자 착각 속에 실실 웃었다.

봉곡사 오르는 길

봉곡사 오르는 길은 양 옆으로 소나무가 펼쳐져
그 자태가 탄성을 자아내게 한다.
청량하고 깨끗한 길을 따라 산보를 갔다.
6월 초 이 맘 때면 아주 달고 맛있는 벚나무 열매가 열리는데
초입에 넓적하고 큼직한 바위 옆엔 벚나무가 한그루 있었다.
그 때까지는 내게는 나의 전용 버찌나무였다.
일 년을 기다려 맛보는 버찌열매!
손이 닿지 않는 곳은 남편이 연신 따준다.
자, 이거~ 입술은 맹구가 되가지고
그래도 좋타고 살판났다고 신나게 따 먹는다.
우리에게 주신 행복한 시간~ 오늘을 감사하며 봉곡사
안마당으로 들어서 물을 마셨다.
법당 옆에 공양시간 아침 6시, 점심 12시, 저녁6시 적혀있다.
다니엘도, 하루 세 번씩 예수살렘을 향해
기도를 올렸다는 생각이 떠오른다.
자신을 버리사 우리를 구원하여 주신 주님께 나 자신은
어떻게 하고 있는지 돌아보며 경배를 받으시기에 합당하신
하나님께 더욱 정성된 성도의 삶을 살아야겠단 다짐을 하며
아름다운 자연과 오늘을 허락하신 주께 감사의 기도를 올렸다.

주은이와 예배를~

주은이와 2004년 마지막 가정 예배를 교회가서 둘이서 드렸다.
주은이가 3학년 됨을 아뢰고 의뢰하는 기도를 드릴 때
감동에서 였는지 눈물이 나왔다.
"엄마~ 나 울었게 안 울었~게?"
"안 울었어."
"맞어 나 안 울었어" 하며 눈을 비비는데
눈가에 눈물이 보였다.
아! 하나님 어린 딸의 기도를 들어 주시고 허락하시고
이루어 주옵소서.

아이의 눈물을 기억하여 주옵소서.
그리곤 집으로 왔다가 다시 교회로 혼자 갔다.
아까 예배드릴 때 보니 새벽제단 바닥이
정~~~말 더러워 청소하러 다시 갔다.
예배드리고는 더러웠던 강대상을 두고 그냥 왔으니...
주님 성전, 내 아버지 집이라고 하면서...
다시 돌아가 정갈히 해 놓고 돌아 왔다.
'오 신실하신 주 내 아버지여~ 오늘의 힘 되고 내일의 소망~~'
주를 바라보며 주님을 생각하며 집으로 돌아왔다.

환한 인사

새벽 예배 때다.
각자 자리를 찾아 앉자 어느 권사님 한 분이
뒤를 흘끗 돌아보며 고개를 "끄떡 끄떡~ 이~잉~"
"그려 그려~~" 하고 말없이 인사를 나누신다.
주름지고 고르지 않은 치아가 더욱 드러나도록~~
활~~~짝 웃으시는 그 미소...
웃는 얼굴이 너무 아름다웠다.
그 얼굴을 보고 나도 괜히 덩달아 웃었다.
고개만 끄덕여도 "응~ 나 여기 앉았어."
"이~~잉 어제 잘 댕겨왔어?"
그리스도의 은혜로 빚어진 이들의 만남들
그리고 아름다운 미소
환~하게 웃는 얼굴 하나가 정말로 명품이었다.
카메라로 순간 포착을 했다면 과연 어떻게 나왔을까?
아~~! 아깝다. 활~짝 웃던 그 얼굴!
그 얼굴에서 난 하나님의 은혜를 찬미 했다.
아~~ 엔돌핀, 바이돌핀이 오래~ 샘솟게 하는
활짝 웃는 미소를 본 새벽의 아침이었다.

교회 가는 날

초등학교 1~3년 교회를 다닌 것이 전부인 난 22세 때
큰외삼촌의 전도를 받아 교회에 나오게 되었다.
첫날 예배가 시작 되고 목사님의 말씀이 시작 되는데,
세상에!
목사님 말씀이 두 귀로 쏘오쏙 들어오는 것이다.
그날 이 후 일초도 옆으로 눈 돌리지 않고
오늘에 이르렀고
그렇게도 말씀을 사랑하게 된 그리스도인이 되었다.

잠시 여름 성경학교 교사 강습회에 다녀와
한 해 성경학교 교사 잠깐 해본 것이 전부였다.
그 때 잠시 외엔 난 주일 학교봉사를 할 기회가 없었다.
30년 근속을 하신 선배들도 계시고
얼마나 충성된 일꾼들이 많은가~

25세에 안믿는 집으로 자초해 시집을 와 내 믿음 하나도
건사하기 힘든 시절 참으로 맘은 주께 있으나
어렵고도 어려운 신앙의 길이었다.

20여년이 지나 그런 내게 주님은 잠시나마

주일 학교교사를 할 수 있는 기회를 맞게 해 주셨다.
신앙이 없는 남편 앞에 시간 빼기가 어려웠으나
나를 사용하여 주시고 길을 열어 주심에
감사한 맘으로 신참교사를 하게 되었다.
한번은 유치부에서 공과로 말씀을 돌아가며 하게 되었다.
너무도 사랑하는 주님의 말씀, 말씀책,
그 좋아하고 귀한 공과를 내가 할 차례가 되어
어떻하면 아이들에게 성령의 은혜를 끼칠 수 있나…
애타게 주님께 아뢰었는데,

수년 전 들었던 '지미 이야기'를 인형극으로
극장을 만들고 인형을 만들어 해야겠다는 생각이 들었다.

지금도 그 만든 종이인형을 소중히 간직하고 있는데,
돌아보면 어떻게 그것을 만들었었는지 기억은 나질 않는다.
옛날 성전의 휘장처럼 자주색천으로 정하여 극장을 만들고
일주일 동안 연구하여 내 성심과 온 정성을 다해
인형을 만들고 어떻하면 지미라는 주인공의 이야기를
실감 나게 아이들에게 전달 할 수 있을까…
인물과 대화 억양을 연습하고 연습하며
물주는 역할 잘하여 아이들이
잘 알아들을 수 있게 하려 성심을 다했다.

회상하면, 아이들이 조용~해져 인형극에 빠져 들어 왔었고
나는 그저 주 앞에 성심만을 다 한 것에 대해 기뻤다.
주일 봉사가 끝나고 돌아와 유치부를 생각하며
설거지를 하는데…
'교회 가는 길' 이란 악상과 영감을 떠올려 주시며
유치부 찬송을 내게 선물로 주셨다.

"룰루룰루룰루 교회 가는 길
발걸음도 즐거웁게 룰루룰루루
오늘은 안식일 예배드릴 때
하나님이 우리게 복을 주신데~~"

넘 좋으신 성령 하나님. 얼마나 감사한지…
그런데 몸이 약한 내게 살~짝 추위가 들어온 것이
그만, 폐렴에 걸려 2년정도 하다.
귀한 교사직분에서 하차 하고 말았다.

내일이 오지 않았으면

내일이면 월세 10만 원짜리 방으로 이사를 간다.
칠 팔개월 정도 살았던 것 같다.
저녁에 벼개에 머리를 대고 눈을 감는 순간
"아!~~ 내일이 오지 않았으면~~" 하는 생각이 떠오른다.
막다른 골목 삶의 끝에서 할 수 있는 기막힌 그것 이었다.

사랑하는 아들과 어린 딸에게 너무나도 미안했다.
역경과 고비, 아무도 원하는 사람은 없다.
거울을 보며 '내 얼굴엔 복이 하나도 없을까?' 해본다.
빨래를 널러 옥상에 올라가 저~~ 멀리 바라보며
가슴으로 나는 수 없이
주님의 발을 끓어 앉는 심정으로 기도 했다.
바닥에 엎드려 주님의 발을 끓어 앉았다.

그런데 그 상황에 주님은
내게 기도 하던 내 손을 보게 하시며
"네 손에 나를 사랑한 증거가 어디 있느냐~!" 라고 하신다.
난 내 손바닥을 들여다보며
오른손 검지로 왼 손바닥을 쓸 으며, 되 뇌였다.
"네 손에 나를 사랑한 증거가 어디 있느냐~~"

그동안 나는 주 앞에서 무얼 했나~~
눈물이 주루룩~~ 떨어져 내렸다.
헤아릴 수 없는 높으신 하나님의 음성은
진정 무엇이 중요한 것인지 그 순간 다시금 깨닫게 하시며
미련한 인생은 땅엣 것에 힘들어 했지만,,
주님은 진실로 중요한 것이 무엇인지 새기게 하셨다.

이 정도면 ~ ~

지금은 없어진 4성전의 이야기다.
누구는 이것도 하고 누구는 저것도 하는데 ~~
 교회를 위해 나도 무엇을 하고 싶은 맘이 가득 ~~~ 했다.
무엇을 할 수 없을까? 뭐라도 할 수 있는 사람이 되고 싶었던
그때 성전을 드나들 때 마다 살피고 있던 레이더망에
교육관 계단 청소가 맘에 들어왔다.

본당과 화장실은 관리가 잘 되고 있으니 ~~
가만히 헤아려 생각을 하며 견적을 내보니
최대한 힘을 안 들이고도 이렇게 하면? ~~~
내 체력을 가지고도 이 정도는 될 것만,, 같은 계산이
자꾸~~ 되어 지는 것이다.
비질과 대걸레질을 이중으로 하면 보나마나 감당할 수가 없고
대걸레로 한 번에 가면 먼지도 최대 안 나게 하면서
아~~! 내가 할 수 있을 것만 같은 맘이 자~꾸 생기자
마음을 굳히고 토요일 오전마다 하기로 하고 실행에 들어갔다.

음 음 음~~ 찬송을 흥얼거리며 주님의 말씀도 생각해 가며
기쁜 맘으로 하여 나갔다.
그런데 당시는 출입을 안 하던 지하가

늘~~ 눈에 걸렸다.
아니,, 처음부터 그곳은 그러구 있으니 첨부터
할 생각을 안 했었고
슬슬 시간이 가면서는 엄두를 못내
손을 못 대고 있다가 '그래~ 어차피 하는데 계단 지하도
내가 마무리 하리라' 작심을 하고는 깨끗이 더러운 것을
치워 내고 정상적 상태로 돌려놓았다.

성령님께서 원하시는 것이었을까?
아니 처음부터 그것이 맞는 것이었을 것이다.
잠시 이사를 다녀온 사이에 완공을 한 성전이라
지하를 활용했던 바는 잘 모르고 있었고
그 뒤로 그 방은 탁구실로 활용이 되어
형제들의 기쁨의 방이 되었다.

목요 기도방

마음을 다 하고,
정성을 다 하고,
진심을 다해,
성전으로 들고 가려고 홀로 예배드리며 세 번 모은
감사 헌금 만 오천원을 들고 목요 기도방으로 갔다.

골방 기도를 보시는 주님
"네 믿음데로 된다"고 하신 말씀을 의지하고
진정을 다해 모이고 하나님께 예배와 기도와 찬송을
올려 드리는 기도방에 전혀~
액수와 관계없는 예물을 들고
꼬마 김밥을 싸 가지고 갔다.

맘엔 '이것을 할까? 어떻게 해야 적합한 것으로
돈도 덜 들이며 할까ㅋ' 라고 생각하며
모두들 주의 나라를 위해
모든 정성을 다해 헌신하여 올리는데~
신문지에 싸고 비닐에 밀봉했던 섬에서 올라 온 김을 개봉하니
오~~ 수분이 그대로, 빛깔도 그대로… 알렐루~ 였다.
이렇게 좋은 상태의 김이라 ^^

오늘은 더… 감사하고 기뻤다.
시원하게 탄 유자차와 함께~~

원래 마트서 팔던 뱀장어 소금구이를 하고팠지만,
몸이 안 좋아 갈 수가 없었다.
주의 자비와 얼굴을 간절히 눈물로 구하며 준비했다.

오늘은 맨 날 먹거리를 신경 쓰시는 금 권사님은
수미 감자를 맛있게 쪄오셨다.
들기름 소금장과 함께.
홍 권사님과 나 장로님은 참외를,
모두 맛있게 먹고 남은 것은 한 알씩
나누어 담아 갔다.

이 넓은 천지간 교회 어느 작은 방에서 의를 위해
하나님 전에 올리는 이름 없는 작은 사람들의 기도 소리
기도를 마치고 오후에
어? 몸 컨디션이 갑자기 좀 좋아졌다.
주님의 은혜가 임했나 보다. 할렐루~~ 야!~ 기뻐라~~

그놈의 소원은

남편이 내일은 일을 떠나게 되어 주일 예배를 또, 못 드리게
되니 정식으로 옷을 입고 아무도 없을 때 교회 가서
기도하고 오자고 졸랐다.
"응?~~~~ 예배드리고 오자~~~~ 소원이야~~~"
자꾸 그랬다.
"그놈의 소원은… 맨 날 소원이냐?"
"그래 맨 날 소원이야!"
깨끗이 옷 입고 정장 구두를 신고 표준 새번역 성경'까지
성경 세 권 들고 작은 예물도 감사헌금 봉투에 챙겨 교회로 갔다.
역시, 아무도 없었다.

오전 8시가 되었다.
남편이 만든 로비 앞 벤치를 걸레로 깨끗이 닦고 마주 앉아
내가 그토록 사랑하는 내 아버지 집 마당에서
아!~~ 예배를 남편과 시작한다.
'하나님, 오늘 이 시간만큼은 제가 목사예요?'
찬양과 경배의 찬송으로 34장을~
한 개 더 하자니 주저리 주저리 ㅋ ㅋ
55장을 더 부르며 가사와 의미를 꼭 꼭 씹어 의미를 주고
전달 해 주고파 이 찬송이 성령의 메시지 되어

남편에게 역사하기를 바라며 불렀다.
에베소서 1장을 두절씩 읽기로 하고 추가로

내가 표준 새번역으로 3장 14~21절 말씀을
하나님 앞에서 읽어 올리웠다.
헌물을 올리고~
그리고
기도를 드렸다.

교회로 향할 때부터, 가자고 할 때부터,
이미 눈물은 맘에 가득
우리의 이 장면은 이 모습은
아마도 가장 아름 다울거야… 생각하며
우리의 예배를 받아 주시기를 기도 했다.

눈물이 주루룩 떨어졌다. 콧물도 흘렀다.
그렇게도 주고 싶었던 그리스도 !!
한 사람을 위해 온 나는 선교사야~
일생이란 시간이 걸려 귀 밑머리가 희어진 어느 날
올려 드린 산 제 사 ~~

토요일 아침 6시 30분

세안을 하고 머리를 단정히 빗고
내 성경책상에 앉아 구역 예배를 드렸다
요람을 펴 구역의 모든 사람 하나하나의 이름을 기억하며
얼굴을 그리며 찬송55장
"하나님의 크신 사랑 하늘로서 내리사"를 부르고
말씀 베드로전서 1장 13~21절을 읽으며, 읽는 것이
간절한 기도가 되어 그들에게 온전하게 임하며
이뤄지며 이루어 주시기를 아버지 앞에 빌었다
그리고 간절한 소망을 담아 330장 '고통의 멍에 벗으려고'를
찬송으로 기도 올리며 불러 올려 드렸다
인도자 지집사가 바빠 일정상 저녁에 시간을 못내어
오늘은 혼자 주께 예배를 진정을 다해 드리게 된 것이다
23절 "너희 믿음과 소망이 하나님께 '있게' 하셨느니라."
이 모든 기도와 말씀의 살아 계심이 진실로 우리 구역의
사랑하시는 심령들에게 이뤄지기를 간절히 기도 했다
그리고 소망의 기도와 주기도로 마쳤다
그리스도를 사랑하는 믿는 모든 식구들에게 내가
성부와 성자와 성령의 이름으로 축복하고 기도 하오니
도우시는 은혜가 이제로부터 영원토록 함께 하시기를.
예수님의 이름으로 간절히 기도 하옵나이다! 아멘

1 시찰 지구회 갔던 날

오늘은 1 시찰 지구회를 갔었다.

주님~ 엄목사님이 그러 셨어요

우리는 다 이 담에 보고서를 내야 되는데

남자는 백부장 같이 멋진 남자가(눅 7:1~) 되고

여자는 도르가(행 9:36~43)같이 아름다운

선행 있는 사람이 되라고요

자신이 죽으면 담임 목사가 우는 사람이 되라고요,

ㅋ ㅎ근디 우리가 더 나중에 죽을 수도 있는데… 하~^^

레크레이션 시간에 초성게임을 했다

'ㅂ ㄷ ㅅ ㄷ' 첫 소절로 맞추는 게임을 했는데

넘 재밌었다.

ㅋ 겨우 두 개 맞춰 커피잔 세트를 탔는데

여집사가 필요 하다해 주었다

30여 년 시골 양떼의 목자를 하신 엄목사님이

손을 흔들어 주셔

"안녕히 계세요~ 목사님~~~~

사랑해요~~~~~"하며, 한 손은 봉고 핸들을 잡고

한 손은 팔랑팔랑 흔들며

가을 길을 따라 돌아 왔다.

알맞은 자리에

우리들은 시간을 알기 위해 시계를 들여다 본다.
언제부터 인진 잘 모르겠지만
3층 유아실은 내 방이 되었다.

내 방이다. ^^ ~
좀 늦어 졌지만 3층 유아실에 시계가 없어
알맞은 시계를 유심히 골라내어 이틀 전에 남편에게
달아 달라고 했다.
주은이도 데리고 갔다.
성전안에서의 우리의 하는 작은 하나의 행위를 통해
'무엇?'을 보기를 바래서 같이 가자고 했다.

이층 유아실도 확인 해 보니 시계가 없어
아기들 컨셉트에 맞춰^*^
파란색 도라에몽 시계를 사다
알맞은 자리에 ~
우리는 시간을 따라 태어나고
시간을 따라 살며 시간과 함께 창조주에게로
가는 날도 올 것이다.

주님!~

주님 작은 방에 시계를 걸어 놓았어요

기회가 제게 있게 된 것이 너무나 감사합니다..

황소, 양, 염소, 비둘기, 밀가루의 제물 중

밀가루 한 움큼 밖에 안 되는 사랑하는 맘입니다.

너무 작은 것이지만, 정말, 정말… 진실한 맘 하나만 건 거에요

사랑하는 주의 전에 있어야 할 자리에

제가 할 수 있는 기회를 주심에

감사를 드립니다.

계단 귀퉁이

3층 유아실은 계단이 두 단인데
아래쪽 계단 귀퉁이가 깨져 있은지 꾀 되어
몇 차례 남편더러 해 달라 했었다.

그 옛날 돌아가신 목사님께서 대심방 오셨을 때
문전에서 못 들어오게 박대한 남편이었는데
이제 목수가 되어 그 교회 수리를 하고 있다.
고맙게도 내 원을 들어 준다.
고까짓거 작은 발판 하나를 하려 해도
모든 연장은 똑같이 필요 하였다.

"태현 아빠~ 장판도 우리가 사다 마무리 하자."
비슷한 장판 조금 사다가
전문가는 아니래도 마무리 지었다.
사람들이 하는 말이 있다.
'언제나 마음은 청춘' 이 말이 맞을 진 몰라도
내 마음은 그래도
언제나
주님께 있다.

"아! 내일이 주일인데 다 끝내서 속이 시원~~ 하다~"
남편보고 그랬다.
"애이~ 속이 시원~~ 하다.
꼭, 똥 싸고 뒤 안 닦은 것 같이 그러더니...
이제 속이 개운~~ 하다."

돈 만원

새벽에 예배가 끝나고 잔잔한 기도와 잔잔히 찬송을 하고
있는데 뒤에서 누가 두 번 '꾹 꾹' 찌른다.
뒤 돌아 봤더니 어느 남자가 하는 말이
"내가 이틀 동안 여기서 잤는데…"
돈 만원 만 달라는 거다.
"아, 지금 없는데요?"
"기다릴 테니 집에 갔다가 가져다 줘도 돼요~"
난 바로 일어나서 고개를 끄덕 거려 줬다.
나를 쳐다보며 나의 확답과 태도를 기다리며
내 얼굴을 본다.
말없이 고개만 끄덕이고 곧 바로 집으로 와
만원을 들고 성경책을 겨드랑이에 낀 채로 빨리 갔다.
집이 가까워 망정이지
내가 나올 때 몇 분계시던 성도 분들도 다 가시고
박 권사님만 여전히 남아 기도하고 계셨다.

나는 성령의 능력으로 기도 해 주고 돈을 줘야겠단
생각이 들어 손을 달라고 했다.
새벽 예배 말씀도 사도행전 20장을 하고 있는데
그 사람 손을 잡고 배운데로 기도 했다.

"하나님은 보이지도 않고 만질 수도 없습니다.
하지만 하나님은 우리 곁에 계신다.
내가 죄인이라는 것을 인정하고
예수 이름으로 용서 받게 해 달라고 기도하세요.
담에 어느 교회 가던지 기도 하세요" 라고 - 하고
그와 예수 이름으로 기도 하고 "아멘~" 했더니
그 사람도 "아멘" 같이 따라 하면서 눈물을 질금 거렸다.

돈을 들고 들어설 때 그의 낯에서 사탄과 사람의
두 얼굴이 느껴졌다. 그러나 나는 한 가지
세상에 돈 달라고 교회 오는 사람도 많고… 하지마는
찜질방 가 잘 돈도 없고, 교회 문은 열려 있고, 따뜻하니
쫓겨 날 때 나가더라도 여기서 잠을 청하러 들어 온
많고 많은 사람 중에 나와 만나게 되어 진 이 사람의
어쩔 수 없는 이유와 한계~~
이런 것을 생각하며 교회란 이름 아래로 온 한 사람 만을
생각하고 그래도 교회오니 받아 주는 사람이 있더란,
한켠의 희망을 확인 시켜 주려 했다.

그 남자

사흘 뒤 그 낯모르는 남자가 또 있었다.
오늘 말씀은 사도행전 20장 16~38절까지 읽는데
35절의 "범사에 너희에게 본을 보였노니 곧 이 같이
수고하여 약한 사람들을 돕고 또 주 예수의
친히 말씀 하신바 '주는 것이 받는 것보다 복이 있다' 하심을
기억하여야 할찌니라" 말씀이 보였다.
예배 드리는데 자꾸만 떠 오르고
또 주는 것이 받는 것보다 복이 있다' 가 떠올랐다.

'어떻게해야하나… 저 사람을 오늘은 어떻게 해야 하지?
돈도 없는데~
또, 우리 교회서 잔 것 같은데…'
아침밥을 줘야겠단 생각이 든다.
기도 할 일이 아니라 행동으로 재빠르게 움직 이는게
맞을 것 같기만 하다.

예수님께서 사람들 보살펴 주실 때
이것 재고 저것 따져 가며 하시진 않았는가 말이다.
'너희 맘에 도와줄 맘이 없으면' 이 자꾸 떠오른다.
예배가 끝나자마자 교회 바로 건너편 김밥 집에 들러

“아줌마 김밥 두 줄 말아주세요 금방 올게요” 해놓곤
집이 가까운 것이 이럴 땐 다행도 스럽다.

마침 배주스 두 개 있던 것하고 에프런 주머니에 만천원을
들고 나와 김밥을 받는데 이런 생각이 든다.
‘그 사람 김밥 자주 먹을 것 같은데....
질렸다고 싫어하면 어쩌지?’
하여간 별 걱정을 다 하네... 순간 별 맘이 다 들었다.
‘커피값 천원을 넣을까? 아냐 이천원?
아냐 돈은 자꾸 주면 안되는데....’
집은 있는지 속사정은 있을 터이고 당장 아침은
해결해야 할 것이어서 예배실로 들어섰다.

그 남자가 무릎을 꿇은 채로 자고 있었다.
이번엔 내가 꾹 꾹 찔렀다.
멍한 얼굴에 잠에 취해 정신없는 표정이다.
‘밥이요~ 아침 밥’ 하며 소곤소곤 말하고 옆에다 놔 주고 왔다.

이 사람은 언제까지 여기서 있을 수 있을까…
별 생각이 차례로 물고 들어온다. 무슨 사연 끝에 왔을지
교회란 이름 아래로 찾아 들어 온 사람이기에
모른 채 할 수가 없었다.
예수님은 수많은 사람들을 어쩌면 그렇게도 똑같이 사랑하셔서

똑~~ 같은 예수님 사랑을 알게 하시고 고백하게 하셨는지
정말이지 신기하고도 신묘막측 하다.

그 남자의 내일을 위해 기도 했다.
며칠째 와서 쉬어가는 그 남자 나는 어떻게 해야 하는가?
얼마나 교회를 의지 할 수 있을지…
아! 이 숙제를 어떻게 하나 생각이 많았다.
꼭 이틀 뒤 도시락을 싸갔었는데 신발이 없었다.
여호와 하나님께 기도 했다.

'제가 해준 기도 잊어버리지 말고,
하나님 살아 계심도 잊지 말고,
우리가 죄인이라는 것도 잊지 말고,
일하라고 한 것도 잊지 말고,
그 사람이 죄의 권세에서 놓여 꼭 새 생활 새 삶
옛 모습을 벗고 그리스도인이 되게 하여 주소서'
간절히 기도 했다.

빌립보서 4장 3절~ '뭘 돕냐고요~'

그저 주께로 맘이 간절하고 간절해 시간을 정해놓고 구별하여
경배를 드리자 스스로 다짐하며 시간을 주일과 같이
11시로 정해 예배를 드리던 그 날도 주 앞에 구별한 그 시간이
나는 너~~~무 나도 좋았고 행복했다.
"주님~~ 저는 아~~무리 생각해도 돈 버는 것보다 이 시간이
더욱 귀중해요~ 아무리 양쪽을 놓고 생각해 보아도
이렇게 경배 드리고 기도하는 이 영성의 시간이 정말
더~~ 좋으니 어떻해요~~"
이렇게 고백을 했다.
오로지 주께로 향한 마음 간절하고 일편단심 민들레였다.

먼저 예배를 다 드리고 잠시 후 성경을 묵상 하려고
빌립보서를 찬찬히 정독 하다 4장으로 넘어가 읽던 그 때였다.
3절에 와서 갑자기, "나의 동역자를 도우라" 이러 시는 거다.
분명히 내가 헷갈린 것도 아니고 진짜로 가슴속에서
울려 나오는 소리였다.

그래,, 재차 물어가며 내가 착각 하는 것 아닌가 조심하며
주의 음성을 다시금 살폈다.
근데 분명히 나의 동역자를 '도우라신다.

그래, 내가 그 즈음 유행 했었는진 모르겠지만
개그맨의 타입을 '빙의' 하며 두 손을 흔들어 가며,
"주님~ 뭘 돕냐고요 뭘 도와요~~~" 라고 했다.
분명히 예배 책상 앞에 앉은 채 두 번을 억양까지 따라
개그맨처럼 그랬다

순간 이것이 도대체 무슨 의미 일까? 내가 착각 하나?
조심스럽게 생각하고 있는 그 때 약 1~2분? 1분30초? 뒤에
바로 옆 전화 벨이 뚜~~~ 하고 울렸다.
"김사라 집사 모해?~~~"
사모님 이셨다.
"으응~~ 낼 서울 신촌 세브란스병원 심방 가는데
운전 할 수 있나 해서~~"
아!~~~ 이거 였구나~~~
"네~에~ 사모님~!"
바로 알겠습니다. 하며
높으신 우리 주님을 찬송하며
내게 말씀 해 주신 성령 하나님이 너~무 감사하고
좋아서 감개 무량했다.
헤아릴 수 없는 주님의 은혜를 찬송 드리며!

요한일서 2:9~11 회개

큰 집과 잠시 한 울타리에 살게 되었던 때가 있었다.

어느 날 어머니께서 그러신다.

며칠 전에 비가 뿌리기 시작 하는데 철안이가

'지네 장독 뚜껑만 싹~~ 닫고 들어가더라' 고

 아주버니가 말 하더라,는 것이다.

그 소리를 듣는 순간, 남자가 되가지고 쪼잔 하게 그런 걸

쪼르르 갖다 일러바치다니~~ 생각이 들었다.

당장 남편에게 물었더니 자신은 그런 적 없다는 것이다.

잘 모르기도 하고 아닌 것 같다고 한다.

어찌 되었건 그 일러바친 소리가 너무나 꼴 보기가 싫더니

그만, 미움이 생겼었나보다.

다음날 내 안엔 이미 미운 맘이 있는 것이다.

종일 생활 하는데 어머, 가슴 속에 파고 들어와

박혀 버린 미움이 느껴졌다.

그래서 바로 '잘못 했어요 주님~' 하며 기도를 해도

여전히 미움이 가슴속에 떡하니 그대로 있다.

하루 종일 몇 번을 잘못 했다고 비는데도 없어지질 않았다.

아, 큰일 났다 싶고, 어떻하지? 싶었다.

'내가 이때껏 살아오면서 누가 이 토록 미워 진 적이 있나?

가만히 나를 돌아보았다.

아무리 생각해도 "흥?, 칫?" 이런 것은 있어도

누구를 이렇게 미워 한 적은 없는 것이다.

그 점은 한편으론 참으로 다행이라고 여겨졌다.

처음 겪어 보는 이 미움의 뿌리! 잘못 했다고 기도해도 여전히

그대로 인 것이 느껴지니 왔다갔다 어떻해야 하나 큰일이었다.

저녁 먹은 후 영적으로 가만히 생각하니

이 정도의 기도로는 안 되겠다는 판단이 섰다.

'그래 이번 건은 성령 하나님께

매 달려 야겠구나~' 하는 결론을

내리고 작심을 하고 곧 바로 무릎을 꿇어

기도하기 시작 했다.

'성령 하나님~ 제가 아주버니를 미워하게 되어 아무리

잘못을 빌어도 가슴속에 미움이 사라지지 않고 있어

살 수가 없습니다. 잘못했습니다. 용서해 주세요~

계~~속 성령 하나님 도와주세요~'를 부르며 무조건

빌고 빌며 용서를 구했다.

얼마나 간절히 성령을 부르며 용서를 바라는 심정으로

임했는지 모른다. 미워한 죄 사함을 받게 해 달라고

애원하는 기도를 했다.

근데, 기도하는 중에 가만히~~

"이 세상이나 세상에 있는 것들을 사랑치 말라~"는

말씀이 떠오르는 것이다.

그 순간 내 자신은 기도 하면서도 내 영은 '어?,, 왜 이 말씀이

지금 떠오를까?' 재빨리 영적으로 분별하기 시작했다.

성경을 보라시는 건가? 하여 곧 내가 알고 있는

요한1서의 2장을 찾아 성령의 의도와 메시지를 알아듣기 위해

조용히 말씀을 살피며 거슬러 읽어 올라가야 겠단 맘이들어

거꾸로 읽어 올라 갔다.

9절에 이르러 "빛 가운데 있다 하며 그 형제를 미워하는~"데

갑자기 분명 현관문이 벼락처럼 "쾅" 하며 닫치듯 가슴 중앙을

'쾅~~' 치는 것이다. 그러면서 다시 9절 이하

"그 형제를 미워하는 자는 지금까지 어두운 가운데

있는 자요~"를 읽어 내려가며 성령의 말씀 하시는 소리를

알아듣게 되었고

11절 "어두움이 그의 눈을 멀게 하였음이니라-"

아, 여기서 기막힌 회개의 기도가 터져 나왔다.

빛 가운데 있다 하면서 그의 형제를 미워한 그런 사람은

지금까지도 어두운 가운데 있는 자라시는 것이다.

어두움이 그의 눈을 멀게 하였다고 말씀 하시는 것이다.

평상시에 난 이 구절의 말씀을 몰랐고 내 머릿속에

기억 된 적이 없는 말씀이었다.

성령께서는 내가 이 말씀을 전혀 모르기 때문에

내가 알고 있는 이 세상이나~의 말씀을 먼저

일러 주시고 나로 하여 찾게 하신 것이었다.

울며 울며 모든 맘을 다 기울여 회개의 기도를 했다.

주신 말씀을 말 해 가며 용서해 달라고 성령께

얼마나 빌었는지 모른다. 얼마를 기도 했는지

이제 마무리를 하고 났는데 가슴속에 틀어 박혀 있던

미움이 거짓말처럼 사라지고, 없어지고,

내 가슴속이 텅 비어 새털처럼 가벼워졌다.

10절의 말씀처럼 내 속에 이제 형제를 미워 한 죄를

사함 받고 나니 거리낄 것이 없어졌다.

사탄은 내 가슴속에 미움을 심어 버렸으나 이미 주께서 씻기신

당신의 자녀가 그렇게 사는 것이 합당치 않으니

예수 이름으로 사함을 받을 수 있도록 이끌어 주셨고

당신의 말씀으로 기도하여 죄 사함 얻도록 인도하시어

회개에 이르게 해 주셨다.

우리를 도우시는 보혜사 아버지 하나님의 이 세상의 것으로

알 수 없는 놀라운 역사였고 내게는 기적이었다.

성경에서 말씀하시던 하나님은 책 속에 있는 신이 아니요

우리의 음성을 구별해 들으시고 우리 곁에서 말씀하시고

지금도 역사 하시는 살아계시는 주님이신 것이다.

우리는 인간의 옷을 입어 미움이란 것을 피할 수 없는 때가

많다고 생각한다. 내게로도 파고 들었던 그 미움 해결하지

못하는 연약한 인간의 모습을 도우시어 온전한 회개에

이르도록 도우신 하나님께 깊은 경배를 올려 드린다.

새벽 3시

성령께서 목회자를 위해기도 하라는 의미로 깨닫고
머리를 빗고 정갈히 마음을 준비하고
성경 앞에 앉았다.

'만군의 하나님!
내 아버지~~!
만물이 창조의 섭리대로 움직이는
고요한 새벽입니다.

목회자를 위해기도 드립니다.
주여!
세우신 이가 주님이시니 하늘 은혜로
붙들어 주시옵소서.
다시금 기도 하오니 말씀의 능력을 칠 배나
더 하여 주시옵소서.

저는 얼마 전부터 '기대' 라는 찬양을
듣고 있습니다.
기대하고 기도하며 바랍니다.
우리 목사님에게 영원한 예복을 입혀 주십시오

성령의 역사를 바라며 간구 합니다.

이 시간에 드리는 저의 목소리를 기억하시고
당신의 종을 지원하여 주시옵소서.
그리스도 예수 이름으로 나아가오니
우리 목사님 하늘 은혜와 자비로 씌워 주옵소서.'

당분간 철야만 좀~~~

알바 중에 대기 시간이 좀 있어 교회가 바로 옆이고
시간은 정 할 수는 없는 상황이라 작정하는 것 같은
간절함을 갖고 기도 하러 교회로 갔다.
딸을 위해기도 기도해야만 하기 때문이다.
3층 내 방으로 올라가 예배를 드린다.
성령의 임재를 간절히 바라며...
이런 저런 일로 교회를 나가지 않고 있으니 어쩌면 좋은가
그의 영성, 믿음의 회복, 사랑의 회복, 상처의 치유와
용서 등을 놓고, '불길 같은 성신여', '만복의 근원',
'큰 영화로신 주' 를 부른다

이틀 째 되던 날 주기도로 마치고 문을 나서는데 갑자기
생각도 않은 찬송 '나의 앞에 반석에서 샘물 나게 하시네~'의
그 대목이 터져 나온다.
그 다음 날도 똑 같이 신기하게 나온다.
사흘 째 되던 날엔 246장 '내 주의 나라' 와 를 더 불렀다
가사 한 자 한자 사모하는 마음과 믿음의 기도를
곡조와 함께 불렀다.
1절 내 주의 나라와~~
4절 구주와 맺은 언약을 늘 좋아 합니다~~

아멘~! 나는 이 고백이 너무 좋다 너무 감사하고 좋았다.

구주와 맺은 언약을~ 부르고 몇번을 불렀다.

5절 진리와 함께 영원히 시온에 넘치네~

주님을 사랑하는 맘을 담아 기도가 이뤄지기를 눈물로

기도한다.

바로 며칠 전 딸에게 "엄마랑 철야기도 갈까?" 하자 묵묵부답~

그리고, 기도한 뒤에 맞은 토요일 아침 딸이 일어나더니

"엄마~ 철야 간만에 갔다 오니 좋더라구. 당분간

철야만 좀 다녀 볼라구~" 그런다.

아!! 이것은 응답의 하나이다.

인간의 말로 움직일 수 없던 마음을 성령께서 터치 하신 것이다.

주를 바라고, 믿고 믿음으로 주의 전으로 발길을 옮겨

사정을 아뢰고 도움을 청하고 제사를 드린 것을 받으시고

수리 해 주신 것이지 않은가~

알바를 하던 상황이라 피치 못 할 사정으로 그만 더

갈 수는 없었으나 우리의 음성을 구별하여 들으시며

응답을 주시는 귀중한 내 주님의 은혜에 형용 할 수 없는

감사를 담아 경배를 드렸다.

먼저

선교비 후원 때문에 주님께 기도로 부탁 드리던 차에
오후 학원 차량 알바를 시작하게 되었었다.
요즘 재정 문제로 남편과 얘기가 있었는데
선교비를 못 할 입장에 놓이게 되었다.
결코 안할 수 없는 이 일을 어쩔지 마음이 무거워졌다.
'아~ 어찌하나~~~ 큰일이네'

선교비 앞에 나로서는 해결점을 찾아야 하는 입장에서
'주님 주님~~' 애타 하던 그 때 교회에서 읽어 나가던
성경을 난 좀 더 앞서 읽고 있었는데 오묘하게도
결정을 내릴 수 있는 응답의 말씀을 만나게 하셨다.
다른 사람이 볼 땐 자신이 원하니 그렇게 해석 한다고
할 수도 있을 것이다.
열왕기상 17장 8절에 보니 주님은 가뭄 중에 엘리야를 보내시는
데 부자를 택하여 부잣집으로 보내시질 않으셨다.
그것도 아들 하나 있는 과부에게 '사르밧으로 가라
내가 그 곳 과부에게 명하여 너를 공궤하게 하였느니라'
(17장 2절)

이렇게 되있다.

엘리야가 도착 했을 때 그들의 모습은 땔감을 '줍고' 있었다.

엘리야는 첨에 물 한 그릇 달래더니 물 가지러 가는 그 여자를

다시 불러서 먹을 것도 달랜다.

근데 그 과부네 집엔 빵 한 개도 아니고 한 조각도 없다.

밀가루 한 줌 정도가 있고, 기름도 몇 방울

남아 있을 뿐이라 했다.

주님이 부자가 없어서 엘리야를 그 곳으로 보내셨을까?

멀어서일까?

그런데 13절에서 엘리야가 과부에게 말한다.

"두려워 하지 말고 가서 방금 말 한데로 하십시오."

작은떡 하나를 만들어서 우선 '먼저' 내게로 가져오고 ~

'아! ~~ 주님...'

나는 현재 귀로에서 애타하며 있었는데

주님은 두려워 말고

"먼저~~" 라고 하셨다.

그것은 확실한 선택을 할 수 있는

주님의 음성으로 다가 왔다. 그것은 분명 주님의 말씀이었다.

'그래! 먼저 순종하고 믿음으로 하리라' 결정했다.

미쳤다해도 할 수 없는 일이지~~

내가 부자인가?... 아뇨

여유라도 있는 사람인가?....

파송 받은 선교사에게 한 푼이라도 더 후원해야 하는데
세상눈으로 보면 난 제정신이 아니다.
내가 전도라도 잘 하고 있나?
아니면 내가 못가고 못하는 사역
주의 나라를 위하고 주의 영원한 영광을 위한다며...
감당도 해야지~~ 하며 마음을 굳혔다.
애타하며 주만 바라보는 내게 말씀 안에서
대답을 해 주신 오묘하신 내 주님!
그저 난 감사를 드릴 수밖에 없었다.

그런데 지금 이 말씀 또한 누가 뭐래도 완전 내것이
된다는 이 점은 왜 이렇게도 좋은지 무슨 장원 급제라도
한 것처럼 말이다
목사도 아니면서... 왜 이렇게도 좋은지~ 나 원 참 나 !
주님이 나를 보고 계실까?~~
이처럼 은혜를 주시다니~~~~ 주님~~~
은혜가 하해와 같음을 찬송 드리며~ !

재밌는 왕시리즈 중에서 ~

역대기하의 10장부터 솔로몬 이후 왕들의 기록이 있는데
좋은 왕도 있고 나~~~쁜 왕도 있다.^^
역대하 15장 3절에는 이렇게 기록 되어 있다.
"이스라엘에는 참 신이 없고 가르치는 제사장도 없고
율법도 없은지가 이제 오래 였으나~~"
솔로몬 이후라 쳐도 세 번째 아사왕 시절이라 했는데도
벌써 제사장도 없고, 율법이 없은지가 오래~~~다.
구약을 읽을 때 마다 느끼는 바 이지만 참 이 사람들은
하나님의 구원을 그렇~~게도 체험한 민족이면서도 가장~
믿지 못하고 말 안 듣는 이들이 아닌가 하는 생각도
많이 했다. 너희가 여호와와 함께 하면 여호와께서도
너희와 함께 하신다 했고, 맘을 다해 주만 찾으면 그 사방에
평안을 주시고 적국으로 두려워하게 하신 것을 보았다.

가장 재밌게 읽은 대목이 왕시리즈 코스인데 여호사밧 이야기와
스릴 넘치는 요아스 왕 즉위를 위한 대목은
완전 드라마 같은 것이 막 연상이 되며 읽었다.
"여호사밧은 그 조상 다윗의 처음 길로 행하고 전심으로
하나님께 구하고 이스라엘의 행위를 좇지 아니 하였다~"
기록 되있고 그런 왕에게 하나님은 유다 주위에 모든 나라는

"유다를 보호 하시는 주님이 두려워 감히 여호사밧에게
싸움을 걸지 못 하였다" 고 기록 된 것을 본다.

또한 여호사밧은 지도자들을 여러 성읍에 보내어
여러 백성을 가르치고 제사장들을 보내어 전국을 돌며
율법책을 가지고 백성을 가르치게 한 것이
참으로 감동이 되었다.

인간적으로 부족한 부분이 많지만
늘 먼저 주님을 찾고 주만을 의지한 마음이 보이기에 좋았다.
아합의 전투에 참여해 아합의 간교함 속에서 죽을 뻔 할 때도
그런 여호사밧을 주님은 살려 주신다.
이스라엘 역사에 있다는(요엘 3:3~4)
여호사밧 골짜기 전투에 임하는
여호사밧 왕의 자세와 하나님의 역사는 참으로
은혜와 본 삼아야 할 신앙의 자세를 다지게 했다.

그 다음 요아스왕 즉위와 여호야다 대제사장 이야기인데
아하시야의 모친 아달랴가 그 아들의 죽은 것을 보고
유다 집의 왕의 씨를 진멸 할 때 고모 여호세바가
요아스 왕자를 몰래 훔쳐 낸다. 그 고모는 대제사장
여호야다의 아내인데 여호야다 제사장은 여섯 해를 기다려
용기있게 결단을 내리고

아달랴에 대한 반란을 주도 하여 유다의 왕권을 바로 잡고
개혁하는 충심을 다하여 요아스를 왕좌에 앉힌다.
여호야다 제사장은 130세에 죽는데 유다의 왕과 백성들이
주를 잘 따르도록 인도한 하나님의 충직한 종으로서의
책임을 다하여 그가 세상을 떠날 때 백성들이 그를 다윗의
성 중에서도 열왕의 묘실에 안장하고 제사장으로서
열왕의 묘실에 드는 대제사장이 된다.
왕이라고 모두 열왕의 묘실에 드는 것이 아니었는데 얼마나
왕과 백성을 주께로 이끌어 옳은 길로 인도하려 했는가~
하는 감동의 눈물이 다 나는 대목이었다.

왕들이 죽으면 으레 향을 피우는데 어떤 왕에게만은 향을
피우지 않거나, 슬프게 여기지도 않거나,
하나님의 벌을 받아 나병이 들고 왕가 변두리 땅에 묻히거나,
마음을 다 하여 하나님을 찾은 왕인지 아닌지 백성들은
왕들의 행위를 다 보고 있다는 것을 읽으며
어찌하면 흠과 티가 없을까~
어찌하면 인간의 냄새가 덜 날까~
마음을 다하고, 목숨을 다하고, 뜻을 다하여
하나님과 사람을 사랑하란 말씀을 되새긴다.
더욱 다짐을 해본다.

비록 스페아 지만

작년 에스더 기도회는 수요일 이었고 홍권사님께서
피치 못 할 사정이 있으시다며 부탁하시니
"네~" 하고 대타 기도를 했다.

에스더 기도회와 인연이 있나?
올해 금요일에 김 안수집사님께 전화가 왔다.
자신이 에스더 기도회 인도 담당인데 큰 사모님과
김 목사님 생신 상차림 준비로 주방서 바쁘니
"인도를 대신 해 줄수 있겠느냐?"고 하셨다.
주님의 일이기에 이런 저런 생각 않고
이번에도 알겠다고 했다.

본당 예배시 인도는 처음이라 왠지 막상 좀 긴장이
되는 것 같았다.
새벽에 일어나 교독문에서 묵도문을 준비하여
목사님께 보여 드리며 여쭈었다.
OK! 싸인이 떨어졌다.
인도자인 나만 한복을 입게 되었다.
사랑하는 하나님전에
예배드리는 귀중한 시간이니 만큼

성심을 모아 성령의 인도하심을 바라며 진행했다.

"온 땅은 여호와를 두려워하며 세계의 모든 거민은
그를 경외 할 지어다 여호와께서 열방의 도모를 폐하시며
민족들의 사상을 무효케 하시 도다
여호와로 자기 하나님을 삼은 나라
곧 하나님의 기업으로 빼신바 된 백성은
복이 있도다!"

비록 스페아지만
귀중한 제사의 일원으로
오늘의 기회가 내게로 있게 하신
하나님의 은혜가 감사하기만 했다.

주의 집에 진주가 아니에요?

아침에 렌지 앞에서 음식을 하려는 순간
문득 질문이 되었다.
'주님~~ 저는 주의 집에 진주가 아니에요?'
눈물이 터졌다. 맘도 아팠다.
순종하는 양이 되고 싶기를~ 늘 품고 있지만
요즘 내 생각 중 어떠한 것이 작용 했나보다.

진주, 진주는 귀한 보석인데...
내 자신이 나를 진주에 비교를 하다니
아마도 내 안에는 진실한 믿음 귀한 믿음의 사람이
되고 싶은 마음이 간절히 작용하는 것인가?
렌지 앞에서 한번 울고는 며칠이 지났다.

중요하다고 생각하는 성경을 생각하다 성경을 잡는다.
얼마 만에 빌립보서를 읽다 4장을 읽기 시작 하는데
형제들을 향해 "나의 사랑하고 사모하는 형제들" 이라고
새삼스레 나에게 다가오며 그 다음 "나의 기쁨이요
면류관" 이라고 하시는 말씀이 내게 다가 왔다.

착각이라도 좋을 것인데 내 영이 주께 질문 한 것이 있어

그랬는지 알 수는 없지만 주님은 내게
"나의 기쁨이요 면류관" 이라고
분명히 하시는 것만 같아 울음보가 터졌다.
늘 보아 왔던 말씀이었는데도
내가 염려하며 물어 그러한 것인지...
"나의 기쁨이요 면류관" 이라고 하시니
언감생심 감사하고
용기가 부쩍부쩍 생겨났다.

감사와 기쁨의 눈물을 흘리며 훔치며
'주님 정말이에요?' 하며 몇 번을 읽고 또 읽었다.
내 생각이라 해도 기뻤다.
신앙생활 이 후 부분부분 받아 왔던 빌립보서 4장의 말씀들
내 나이 55세를 맞은 이제
남은 신앙의 방향과 할 바를 다시금
빌립보서 4장의 말씀 안에서 알게 하신 오늘,,
짜깁기가 완성된 것 같았다.
오묘하게도 나를 사랑하신다고,
숙제를 잘 하라고 하신 것 같아 많이 울었다.

흠 없이 살아라

가끔 새벽에 잠이 오지 않을 때나 자다가 일어나게 되어
기도와 묵상으로 철야를 하게 되는 경우가 있다.
그날도 일찍이 깨어 성경을 묵상하다 앞쪽으로
돌려 읽게 되었다
표준 새번역 창세기 17장을 읽게 되었는데
"나는 전능한 하나님이다.
나에게 순종하며 흠없이 살아라" 는 말씀이 내게로 임하셨다.
굉장히 조심 스러운 것이었다.
지렁이 같은 내게 전능한 하나님이라고, 흠 없이 살으라 신다.

주님은 여러 모양으로 우리에게 말씀하시는데
때로 잘못 할때는 얼마 지나지 않아
말씀 안에서 알아듣게 하시고
깨닫게 하시거나 무엇이든 말씀 안에 길을 찾게 하시어
회개 하게끔 인도하셨다.

내게 말씀하신 은혜가 너무도 놀라워 옆에다
날짜를 써놓았다.
이어지는 언약의 말씀을 읽어 내려가며
'내가 뭐라고

이렇게 말씀해 주시는가~' 생각을 하니~

눈물 플라스+~ 감사플라스+~ 감격과 감사의 눈물로

주께서 내려 주신 말씀 이 후를 내려 읽어 갔다.

그리고 간절히 주께 기도를 올리웠다.

지금도 얼마마다 그 말씀을 펼쳐 잊지 않으려 다시금 읽는다.

그러나 살다가 어느 땐 주의 제단앞으로가

엎드려 울며

그런다.

'주님~ 흠 없이 살라고 하셨는데

주님~ 어떻게 '흠 없이 살아요~' 하곤 한 없이 운다.

부족한 내 모습 인간의 모습 때문에

주께 접 붙힌바 된 돌 감람나무라 했던가?

난 주님께서 언약을 맺어 주신 주의 자녀이니 만큼

난 주께 붙어 있을 것이다.

머리를 디밀고 주께 갈 것이다.

사나 죽으나, 주께 붙어 있을 것이다.

내게 하신 말씀을 기억하며 예수 이름 목에 걸고

아버지 집으로 가 기댈 것이다.

영화로우신 그 이름 예수의 이름으로!

365일 부모를 위한 무릎 기도문
우리 부모님을
지켜 주옵소서
성·경·말·씀·과·함·께

365일 번성을 위한 축복 기도문
번성하게 하고
번성하게 하소서
성·경·말·씀·과·함·께

동아일보- 2016년 2월 4일자

《맞춤형 30일간 무릎기도문 시리즈》

가정❶ **자녀를 위한** 무릎기도문
가정❷ **가족을 위한** 무릎기도문
가정❸ **남편을 위한** 무릎기도문
가정❹ **아내를 위한** 무릎기도문
가정❺ **태아를 위한** 무릎기도문
가정❻ **아가를 위한** 무릎기도문
가정❼ **재난재해안전** 무릎기도문 (부모용)
가정❽ **재난재해안전** 무릎기도문 (자녀용)
가정❾ **십대의** 무릎기도문 (십대용)
가정❿ **십대자녀를 위한** 무릎기도문 (부모용)

교회❶ **태신자를 위한** 무릎기도문
교회❷ **새신자** 무릎기도문
교회❸ **교회학교 교사** 무릎기도문

365❶ **우리 부모님을 지켜 주옵소서**(365일용)
365❷ **번성하게 하고** 번성하게 하소서(365일용)
365❸ **자녀축복 안수** 기도문(365일용)

기도❶ **선포(명령)** 기도문

「희망절벽시대」 「N포세대」 희망 동력서!
소망을 견고하게 하는 10가지!

포기하지 않는 한
소망이 있습니다

극동방송 「매기 성경 강해」 진행자

김성근 목사(목동제일교회) 지음

결코 포기하지 않을 때
꿈의 날개를 활짝 펼 수 있다

"말씀의 힘으로 시련을 이기게 하는 희망복음!"

일평생 육체의 고통을 짊어지고 하나님을 경험하며 사는 조봉희 목사의
욥기 이야기는 그 어떤 모진 고난도 견디고 행복한 결말을 보도록 합니다.

고난돌파

짐을 주신 하나님은, 힘도 함께 주신다!

절망을 희망으로 바꾼 승리자 욥처럼!

조봉희 목사 지음

망망한 바다 한가운데서 배 한 척이 침몰하게 되었습니다.
모두들 구명보트에 옮겨 탔지만 한 사람이 보이지 않았습니다.
절박한 표정으로 안절부절 못하던 성난 무리 앞에 급히 달려 나온 그 선원이
꼭 쥐고 있던 손바닥을 펴 보이며 말했습니다.
"모두들 나침반을 잊고 나왔기에 … "
분명, 나침반이 없었다면 그들은 끝없이 바다 위를 표류할 수 밖에 없을 것입니다.

우리는 삶의 바다를 항해하는 모든 이들을 위하여
그 나침반의 역할을 하고 싶습니다.
우리를 구원하신 위대한 주 예수 그리스도를 널리 전하고 싶습니다.

"하나님은 모든 사람이 구원을 받으며
 진리를 아는 데에 이르기를 원하시느니라"
(디모데전서 2장 4절)

내 곁에 계신 주님

지은이 ┃ 김사라
발행인 ┃ 김용호
발행처 ┃ 나침반출판사

제1판 발행 ┃ 2016년 12월 1일

등　록 ┃ 1980년 3월 18일 / 제 2-32호
주　소 ┃ 07547 서울특별시 강서구 양천로 583
　　　　블루나인 비즈니스센터 B동 1607호
전　화 ┃ 본사 (02) 2279-6321 / 영업부 (031) 932-3205
팩　스 ┃ 본사 (02) 2275-6003 / 영업부 (031) 932-3207
홈　피 ┃ www.nabook.net
이메일 ┃ nabook@korea.com / nabook@nabook.net

ISBN　978-89-318-1529-0
책번호　가-9056

값은 뒷표지에 있습니다.